Jürgen Hembd

Teststrecken in der
dritten Lebensphase

Lebensstationen

Herstellung und Verlag
BoD – Books on Demand
Norderstedt 2015
ISBN 978-3-7392-0491-8

für

Barbara

Das Umschlagbild zeigt Ingrid und Jürgen Hembd im Herbst 2015 in ihrem Vorgarten.

Vorwort

Für viele Menschen bedeutet das Ende ihrer Berufstätigkeit eine tiefe Zäsur in ihrem Leben, egal, ob sie ihrer Pensionierung entgegen gefiebert haben oder gern noch etwas länger gearbeitet hätten.

Nun zeigt es sich, ob sie genügend Weitsicht besessen und finanzielle Vorsorge getrieben haben; denn in aller Regel werden die Einkünfte per Saldo geringer und es gilt, neu zu kalkulieren.

Aber auch die mentale Seite ist wichtig; denn wer sich zeitlebens nur über seinen Beruf definiert hat, ist jetzt besonders arm dran. Nach meiner Erfahrung verblassen nämlich Inhalt und Bedeutung unserer früheren Berufstätigkeit und sozialen Position zunehmend und spielen irgendwann kaum noch eine Rolle, zumal uns vermutlich seltener jemand danach fragen wird und sich immer weniger Personen an unser soziales Rollenspiel von einst erinnern werden. Um anderen Menschen nun weiterhin partnerschaftlich begegnen zu können, müssen wir uns täglich neu bewähren — und diese Chance gilt es beherzt zu ergreifen!

Dem Jammern und Klagen meiner Altersgenossen leihe ich nur ungern mein Ohr, sofern es um die Schilderungen von Körperbeschwerden und Arztbesuchen geht – nicht, weil es mir an der Gabe des Zuhörens fehlt, sondern weil ich weiß, dass sich diese Art der aufwändigen Beschäftigung mit seiner eigenen Befindlichkeit letztlich im Kreise dreht und uns emotional schnell in einen Abwärtsstrudel reißen kann.

Ich kenne niemanden, der nicht so lange wie möglich ein selbstbestimmtes Leben führen möchte, dabei aber nicht allein gelassen werden will. Wir freuen uns, wenn uns unsere Kinder oder liebe Verwandte und Freunde auf unserer Wegstrecke begleiten.

Da wirklich *alles seine Zeit hat,* müssen wir lernen, mit traurigen Verlusten umzugehen.

Uns erwachsen oft neue Einsichten, die unser bisheriges Credo ins Wanken bringen und uns fühlen lassen, dass wir womöglich ganz schön allein im Weltall sind.

Für den Fall, dass wir noch ideenreich und beweglich genug sind, können wir uns hinaus in die Welt begeben, Neues unternehmen und uns nützlich machen in Bereichen, die uns lohnenswert erscheinen. Endlich können wir es wagen, uns zunehmend mit Menschen und Dingen zu befassen, die uns *gut* tun.
Ohne Konkurrenzneid dürfen wir uns *mit* den Anderen und *für* sie freuen.
Wenn wir wollen, können wir uns ständig neu erproben, uns in der dritten Lebensphase im Rahmen unserer Möglichkeiten in Bewegung halten und dabei Erfüllung finden und Freude tanken.

Jürgen Hembd, im Herbst 2015

Nachdenken über das Älterwerden

Im Jahre 2013 drehte *Dieter Hallervorden* einen Film mit dem Titel *Sein letztes Rennen*.
In meiner Fernsehzeitschrift wurde dieser Film wie folgt „gecheckt und bewertet":
Bastelstunden und Bevormundungen – Paul kann sich mit seinem Leben im Altenheim nicht anfreunden. Um der Langeweile vorm Ableben zu entfliehen, fängt der Olympiasieger von 1956 an, für den Berlin-Marathon zu trainieren.
Als Leser erfahren wir, dass sich der bei den damaligen Dreharbeiten bereits 78jährige Dieter Hallervorden noch nie so intensiv vorbereitet habe. Er habe fünfeinhalb Monate trainiert, die Ernährung umgestellt, auf Alkohol verzichtet, neun Kilo abgenommen. Den *ganzen* Marathon sei er zwar nicht gelaufen; aber die Kamera zeigt, wie er sich inmitten des Läuferheeres vorwärts kämpft nach dem Motto, dass, wer stehen bleibe, doch schon verloren habe.

Das Altern und das Altwerden sind durch Film und Fernsehen schon häufig thematisiert worden und wir selbst erfahren täglich, wie dies aussieht — an uns selbst und wenn wir unterwegs sind.
Stoff zum Nachdenken…

Im vorerwähnten Film erfindet sich Paul nicht gänzlich neu, sondern er besinnt sich auf das, was er früher wirklich sehr gut konnte und knüpft nun an diese schlummernden Fähigkeiten wieder an. Bei ihm war es damals der Hochleistungssport, Disziplin Langstreckenlauf. Dabei ging es nicht nur um die physische Leistung an sich, sondern auch und vor allem um Willenskraft und Ausdauer — und diese Eigenschaften und Fähigkeiten reaktiviert er noch einmal und löst damit allmählich die Bewunderung der anderen Heimbewohner aus. Die Angebote der Beschäftigungstherapeutin lehnt er in Bausch und Bogen ab und schon nach kurzer Zeit nimmt er Reißaus.

Müssen und können wir uns in der dritten Lebensphase überhaupt ständig neu erfinden oder sind und bleiben wir im Grunde genommen nicht eher so, wie wir wesensmäßig schon immer waren? Wir nehmen an uns allmähliche Veränderungen wahr, die Körper, Geist und Seele betreffen.
Da sich das Älterwerden nicht vermeiden lässt, bringt es wenig, uns jünger zu geben als wir sind. Wer *mir* einreden wollte, ich hätte mich im Laufe vieler Jahre überhaupt nicht verändert, schwindelt in wohlmeinender Absicht und bestreitet zugleich, dass ich gereift bin — wenigstens ein bisschen!

Wir können uns jederzeit fort- und weiterbilden, und werfen dabei angestauten Wissensballast und Gefühlsmüll ab. Im günstigen Falle wird enzyklopädisch angehäuftes Wissen der Fähigkeit des schlussfolgernden Denkens weichen. Vielleicht sind wir für andere immer noch ein Leuchtfeuer oder der Fels in der Brandung, aber wir brauchen uns gleichzeitig der Hilfe nicht zu schämen, die wir erbitten müssen. Wir werden immer noch gefragt und bleiben selbst Fragende.

Inzwischen ist es Jahrzehnte her, dass ich fast jeden Abend schweißgebadet vom Joggen nach Hause kam — bis mir meine Kniegelenke mitteilten, dass sie die stauchenden Bewegungen nicht mehr aushielten. Das Wandern hingegen tut mir weiterhin gut — gern allein, lieber jedoch in Gemeinschaft.
Noch immer komme ich beim Start mit gekonntem Hüftschwung über die Mittelstange meines 28er Herrenfahrrades — aber absteigen kann ich nur noch mit Hilfe der Bordsteinkante, weil mein rechtes Bein die Rückwärtsbewegung nicht mehr schafft. Könnte es sein, dass ich demnächst auf ein Damenfahrrad werde umsteigen müssen?
Es nervt mich zunehmend, mit dem eigenen Auto durch hektischen Berufsverkehr zu fahren. Deshalb verlagere ich neuerdings das Einkaufen auf den vormittäglichen Samstag und benutze mit meinem Seniorenticket die öffentlichen Verkehrsmittel — viel öfter als je zuvor!
Früher habe ich über Senioren gelächelt, die Matinee-Veranstaltungen im Hellen bevorzugten. Heute weiß ich den Vorteil zu schätzen, nicht spätabends nach Hause kommen zu müssen.
Man stelle sich vor — in der U-Bahn ist mir schon mehrmals ein Sitzplatz angeboten worden. Mir!
Sehe ich denn wirklich schon so betagt und leidend aus?
Es gibt Tage, an denen ich mich gewaltig konzentrieren muss um nichts Wichtiges zu vergessen und Fehler zu vermeiden.

Ich kann es mir gar nicht mehr leisten, ohne Einkaufszettel in den Supermarkt zu gehen, weil mir dann am Ende wichtige Artikel fehlen würden.

Eine Wanderung mit der Seniorengruppe ohne meine geliebten Spickzettel unterwegs wäre für mich ein Risiko, weil ich schnell vergesse, was ich sagen wollte.

Über meine weiteren individuellen Schwächen mögen sich nun diejenigen auslassen, die mich zu kennen meinen.

Von meinen Lehrern früher als *schüchtern und bescheiden* beurteilt, würde ich mich selbst einerseits als bequem und mitunter desinteressiert, andererseits aber auch wieder als zielstrebig und fleißig beschreiben, ausgestattet mit einem gewissen Organisationstalent und der Bereitschaft mich zu engagieren. Eigentlich fehlen mir ein ausgeprägtes Imponiergehabe, die Sucht aller Welt gefallen zu wollen oder der Hang andere Menschen zu bevormunden. Ich kritisiere ungern und mag es eben so wenig, ungefragt kritisiert oder angegriffen zu werden.

Vieles tue ich gern *allein.*

Nun liegt es aber in der Natur der Dinge, dass wir manches nur mit anderen gemeinsam tun können wie zum Beispiel im Ensemble zu musizieren oder im Chor zu singen. Die Beispiele ließen sich natürlich beliebig vervielfältigen.

Ich genieße dieses Spannungsverhältnis zwischen dem Sich-Zurückziehen und der menschlichen Gemeinschaft. Menschen und Gruppen gegenüber kann ich treu und loyal sein — aber ich bin auch durchaus geübt im Loslassen.

Viele Teststrecken meiner dritten Lebensphase durchschreite ich gemeinsam mit anderen, wobei mir an flüchtigen Begegnungen eher wenig gelegen ist.
Begegnungen mit anderen Menschen gelingen mir immer dann am besten, wenn sie sich, im übertragenen Sinne, auf gleicher Augenhöhe abspielen und im gegenseitigen Geben und Nehmen stattfinden.

Es ist kaum zu fassen!
Als Rettungsschwimmer habe ich noch keinen einzigen Ertrinkenden aus dem Wasser gefischt.
Noch nie hatte ich die Gelegenheit, als Ersthelfer ein Unfallopfer zu verarzten und ihm eine zweite Chance zu geben. Habe ich selbst je echte Not erlebt oder Versuchungen ausgestanden oder habe ich nur kein Gespür für diese Dinge?

In meiner Vita sind bisher keine Heldentaten vermerkt, sondern allenfalls Bürgerpflichten, von mir als selbstverständlich empfunden und erfüllt.

Einige gewohnte Wegstrecken habe ich in meiner dritten Lebensphase weiter verfolgt. Daneben habe ich auch neue Wege erprobt, Wege, die ich als Teststrecken bezeichnen möchte, wobei ich zunächst noch nicht wusste, in welche Richtung sie mich führen würden.

Ob ich jedoch alte oder neue Wege gehe — für mich ist es wichtig, dass sie mir sinnvoll erscheinen, mich herausfordern und mir Erfüllung und Freude bringen.

Freude tanken durch Musik

...beim Musizieren

Als Jugendlicher hatte ich einige Akkorde auf der Gitarre gelernt und konnte Wanderlieder auf der Klampfe begleiten. Mit der Zeit prägten sich viele Liedstrophen in meinem Gedächtnis ein, Texte, die ich in Teilen auch heute noch abrufen kann. Mir bereitete das gemeinsame Singen Freude, aber ich griff auch zur Gitarre, wenn ich allein und dazu aufgelegt war.

Bis zum Jahre 1974 wurde ich in der *Kantorei Alt-Schöneberg* stark durch geistliche Musik der letzten fünf Jahrhunderte geprägt, vornehmlich durch Johann Sebastian Bach. Modernere Kompositionen wie zum Beispiel solche von Distler, Strawinsky oder Ostendorf bereiteten mir weniger musikalisches Vergnügen und unsere damalige Studioaufnahme von Ernst Kreneks Deutscher Messe im SFB in der Masurenallee empfanden meine Ohren geradezu als qualvoll.
1974 verließ ich die Alt-Schöneberger Kantorei, aber als 1985 die Bundesgartenschau in Berlin eröffnet wurde, hörte ich in der damaligen

Feldkirche auf dem Ausstellungsgelände die *Kantorei Mariendorf-Süd* und beschloss spontan, diesem wackeren kleinen Chor mit meiner Stimme zu helfen.

Später sang ich auch „große Werke" in der *Mariendorfer Kantorei* mit und bin schließlich im *Gemeindechor der Martin-Luther-King-Gemeinde* in der Gropiusstadt gelandet.

Nachdem mir die geistlichen Textbezüge der im kirchlichen Raum zu Gehör gebrachten Musik eigentümlich fremd geworden sind, favorisiere ich nunmehr unser rein instrumentales Musizieren im Blockflötenkreis und bin im Nachhinein froh, dass ich mir die Grundvoraussetzungen dafür im privaten Musikunterricht angeeignet hatte. Mir fehlt zwar weiterhin die wünschenswerte Spielqualität, aber bei technisch weniger anspruchsvoller Literatur kann ich inzwischen mit meiner Tenorflöte einigermaßen mithalten, sofern es mir gelingt, mich genügend auf die Noten zu konzentrieren. *Wir* musizieren *miteinander* und dies ist für mich eine beständige Quelle der Freude. Ich fühle mich wohl dabei!

Von der musikalischen Literatur her gesehen, ist es sowohl beim gemeinsamen Singen als auch beim instrumentalen Ensemblespiel bei geistlicher Musik der letzten fünf Jahrhunderte geblieben!

Als Zuhörer freue ich mich bei Chorkonzerten immer auf jene Momente, in denen ich zum Mitsingen bekannten Liedgutes eingeladen werde. Dabei empfinde ich Gemeinschaft und darf aktiv am Geschehen teilnehmen.

Ich denke vor allem auch an die besondere Form der Risikogemeinschaft, die ich jedes Mal aufs Neue bei unseren Aufführungen empfinde. Wir müssen uns hier nach bestem Vermögen für die gemeinsame Sache einbringen, aufeinander hören und freudig etwas wagen.

...beim Hören

Beim Autofahren höre ich ausschließlich klassische Musik, aber mir fällt auf, dass mich die ständige Wiederholung derselben Komponisten und Stücke allmählich nervt. Opernarien machen mich mittlerweile richtig nervös und reizbar; moderne Filmmusik hingegen wirkt meist beruhigend auf mich.

Ich sehe sehr gern Musiksendungen im Fernsehen, Abteilung Schlager und volkstümliche Musik. Wer von Liebe und Leiden singt oder von Treue und Verrat, hat oft auch Erkenntnisse und kleine Weisheiten zur Hand, die mir in mancher Lebenslage hilfreich erscheinen. Wenn mir zu guter Musik auf sympathische Weise zugleich auch noch Land und Leute vorgestellt werden, ist meine Freude geradezu perfekt!

Am liebsten höre ich jedoch meiner Frau beim Klavierspielen zu, insbesondere, wenn sie beseelt Volkstänze musiziert.

Schicksalsort *Alexanderplatz*

Seniorenchorfeste im Britzer Garten

Anfang der 90er Jahre - genauer gesagt 1993 - geschah es, dass ich mit meiner Frau zur Eröffnungsveranstaltung der alljährlichen *Berliner Seniorenwoche* zum Alexanderplatz fuhr und wir hinter dem Roten Rathaus parkten. Das damalige *Berliner Polizeiorchester* unter der Leitung von *Michael Kern* spielte zum Auftakt, als sich der Himmel bedrohlich verfinsterte und es aus dunklen Wolken zu regnen begann - nein, es war ein Wolkenbruch, der gar nicht mehr aufhören wollte. Das Programm sah vor, dass Seniorenchöre und -tanzgruppen auf mehreren Bühnen zeitgleich auftreten sollten, doch jedermann versuchte sich vor den heftigen Regenfällen in Sicherheit zu bringen. Die Bühnen mussten sicherheitshalber geschlossen werden und die Veranstaltung fand ihr vorzeitiges Ende. Es war ja auch gar kein Publikum mehr da. —

Irgendwann bin ich gefragt worden, wie lange denn ein Laienchor proben müsse um ein Musikwerk zur Aufführungsreife zu bringen. Ich antwortete, dass ich bei einem durchschnittlichen Schwierigkeitsgrad für eine Minute Aufführungsdauer etwa eine Stunde Vorbereitungszeit veranschlagen würde. Diese These ist natürlich völlig ungesichert und im Einzelfall dürfte es erhebliche Abweichungen davon geben. Der Kern der Erkenntnis lautet jedoch, dass künstlerisches Tun jede Menge *Übung* braucht und äußerst zeitintensiv ist. In besonderer Weise fasziniert es mich, wenn Chöre ihr Repertoire nicht nur auswendig, sondern auch á capella singen!

Natürlich will ein Chor sein Musikprogramm zu Gehör bringen und eine Tanzgruppe möchte vortanzen! Demzufolge hatten sich zahlreiche Seniorengruppen für ihren geplanten Auftritt am Alexanderplatz damals mit Sicherheit intensiv vorbereitet und mussten nun durchgeweicht und frustriert nach Hause fahren. Meine Frau schmerzte dieser Gedanke und sie fasste den Entschluss, einige Seniorenchöre und -tanzgruppen zum Trost zu einem ersten Seniorenchorfest im Herbst desselben Jahres ersatzweise in den Britzer Garten einzuladen. Von der Leitung des Britzer Gartens und von ihren Dienstvorgesetzten beim Bezirksamt Neukölln hatte sie grünes Licht dafür bekommen. Am Anfang waren es zunächst nur sechs (oder waren es gar mehr?) teilnehmende Gruppen, doch deren Zahl stieg rasch, so dass die Veranstaltung in den folgenden Jahren notgedrungen auf zwei Tage verteilt werden musste.
Damals befanden wir uns immer noch in der Nach-Wendezeit und die Tatsache, dass nun Chöre aus *allen* Teilen Berlins zusammenkamen, glich schon einem kleinen Wunder.
2015 hat nun das 22. Berliner Seniorenchorfest stattgefunden und dies geschieht traditionsgemäß alljährlich am zweiten Mittwoch im Juni.
Es bleibt nicht aus, dass es nicht mehr alle Chöre gibt, die anfangs dabei waren und dass andere hinzugekommen sind.

Chöre und Tanzgruppen sind stark auf ihre Leiter fixiert, so dass bei einer Neubesetzung der künstlerischen Leitung ein mitunter langwieriges Auswahlverfahren stattfinden muss, um die Nachfolgefrage einvernehmlich zu klären und einer möglichen Auflösung des Ensembles zu entgehen.

Oft suchen Chöre und Tanzgruppen verzweifelt neue Mitstreiter, weil ihre Mitgliedszahlen stark zurückgehen. *„Obwohl unser Chor inzwischen sehr geschrumpft ist,"* erfahre ich aus einem Brief, *„freue ich mich immer wieder über die Einladung zum Seniorenchorfest; wir möchten gerne helfen, diese Tradition fortzusetzen. Der Wille ist jedenfalls da!"*

Es hat Chöre gegeben, die von der Bildfläche verschwunden sind, nachdem ihnen öffentliche Zuwendungen gekürzt worden waren; denn mehrere Chorleiter müssen durch ihre Chorarbeit ihren eigenen Lebensunterhalt bestreiten und können deshalb verständlicherweise nicht ehrenamtlich tätig sein!

Im Jahre 2003 war meine Frau federführend an der Herausgabe der Festschrift *10 Jahre Chöre im Britzer Garten* beteiligt. *Heinz Buschkowsky* als ehemaliger Bezirksbürgermeister von Berlin-Neukölln, *Dr. Christine Roßberg* als damalige Seniorenbeauftragte des Berliner Sängerbundes (heute: Chorverband Berlin) und *Hendrik Gottfriedsen,* seinerzeit für die Grün Berlin Park und Garten GmbH (heute Grün Berlin GmbH) tätig, schrieben freundliche Grußworte. Im Anschluss daran stellten sich in der Festschrift siebzehn Chöre und drei Tanzgruppen vor, von denen zwölf Jahre später - also beim 22. Chorfest - noch acht Chöre und zwei Tanzgruppen dabei waren. Wenn am Ende dennoch insgesamt elf Chöre und drei Tanzgruppen aufgetreten sind, so spiegelt sich in diesen Zahlenangaben die Fluktuation wider, die in den Jahren stattgefunden hat. Es ist - wie im Leben überhaupt - neben einer beachtlichen Beständigkeit auch ein Kommen und Gehen, ein Festhalten und Loslassen-Müssen, zu konstatieren.

„Für uns ist der Auftritt im Britzer Garten jedes Mal ein Höhepunkt im Leben unseres Tanzkreises und wir nehmen wieder sehr gern daran teil, um diese schöne Tradition auch weiterhin zu unterstützen."

Nun, Traditionen lassen sich leider nicht ganz ohne leise Wehmut fortführen...

Wer im Juni bei Sommerwetter auf der Festbühne des Britzer Gartens steht, genießt das landschaftliche Panorama: den mittleren See zur Linken und rundherum die Bäume und Sträucher, die Pflanzen und den Rasen in sattem Grün. Dazu die bunten Blumen. Für unsere teilnehmenden Gruppen sind diese Chorfeste inmitten der Natur also buchstäblich ein fröhlicher Farbtupfer in ihrem Jahresprogramm.

Es handelt sich niemals um eine vergleichende Leistungsschau, obwohl natürlich jede Gruppe ihre Leistung zur Schau stellt und um ihren Erfolg bangt. Aus eigener Erfahrung weiß ich, dass befriedigende Ergebnisse niemals ohne genügend interne Harmonie und ausgeprägten Gemeinschaftsgeist zu erzielen sind.

Im Britzer Garten wird *miteinander* gesungen und getanzt als Ausdruck der Lebensfreude — und das alles *live*!

Gelegentlich habe ich in meinen Moderationstexten schon auf die grundsätzliche Bedeutung des Singens und des Tanzens und des gemeinsamen Tuns für unser Wohlbefinden hingewiesen, ohne dabei als Laie nun gleich in medizinische Abhandlungen zu verfallen.

Die Programmfolge der Chorfeste zeigt einen bunten Strauß von Motiven um die sich der Gesang rankt: grünende Birken, blühende Linden, die edle Musik an sich, ein Lied auf die schöne Erde, das Leben und die Liebe, ein wenig christliche Folklore, Heimatbilder und - immer wieder - die Sehnsucht nach Frieden, Freude und einem erträglichen Leben.

Manche Liedbeiträge treffen auch programmatische Aussagen - manchmal nach dem Geschmack des Zuhörers vielleicht ein wenig zu plakativ oder scheinbar gestrig; aber das Publikum zeigt durch seinen Applaus sehr deutlich, was gefällt oder was mitunter als eher gewöhnungsbedürftig erscheint. Vielleicht fällt es uns manchmal auch nur schwer, unliebsame Wahrheiten zu verdauen und aus unserm Harmoniebedürfnis geweckt zu werden!

Andrerseits sind wir auch schlicht überfordert, uns aller Weltprobleme zugleich annehmen zu sollen.

Relativ selten wird bei einer Veranstaltung ein Titel mehrfach gesungen. Doch selbst, wenn dies geschieht, so hat es einen gewissen Reiz; denn als

Zuhörer werden wir dabei Zeugen unterschiedlicher Interpretationsmöglichkeiten.

Wir sind als Organisatoren stolz darauf, dass bei der Programmgestaltung noch niemals irgendeine Art von Zensur stattgefunden hat, sondern dass es ganz der Verantwortung der einzelnen Gruppen überlassen bleibt, *was* zur Aufführung gelangen soll. Und diese Verantwortung wurde bisher stets zuverlässig wahrgenommen!

Uns steht keinerlei Budget zur Disposition.
Der Britzer Garten stellt uns mit der Festbühne jedoch die geeignete Plattform zur Verfügung und gewährt den teilnehmenden Gruppen freien Eintritt; der Chorverband Berlin vermittelt uns mit helfender Hand den Tontechniker; die *agentur artecom* trifft alle notwendigen organisatorischen und technischen Vorbereitungen.
Zur liebgewordenen Tradition gehört es, dass jeder Chor und jede Tanzgruppe nach ihrem Auftritt eine "Urkunde" erhalten mit etwa folgendem Wortlaut:
Vielen Dank dafür, dass Sie mit ihrer Mitwirkung zum Gelingen des 22. Berliner Senioren-Chorfestes im Britzer Garten beigetragen haben.
Wir wünschen Ihnen weiterhin Freude und Erfolg bei Ihrer künstlerischen Arbeit und freuen uns auf ein Wiedersehen.

Unterschrieben werden diese Urkunden von der Geschäftsführung der Grün Berlin GmbH und vom Chorverband Berlin.

Wir (früher meine Frau, seit einigen Jahren ich selbst) schließen als „Künstler" auf ehrenamtlicher Basis einen Vertrag mit der Grün Berlin GmbH und sind jeweils zwischen Herbst und Frühjahr die Ansprechpartner für alle Beteiligten; aber seit jeher verzichten wir ganz bewusst auf jegliche namentliche Erwähnung als Organisatoren. Wir sind einfach *da* und das dürfte genügen!

Allerdings muss ich zugeben, dass es mich nervlich arg belastet, wenn Termine verschlafen werden oder wenn mir kurzfristig abgesagt wird. Je näher jedes Mal der Veranstaltungstag rückt, desto achtsamer gehe ich mit mir selbst um, weil ich mir der Verantwortung bewusst werde, die ich als Organisator zu tragen habe.

Es ist erstaunlich und rührend zugleich, wie treu unsere Chöre und Tanzkreise ihre jahrzehntelangen Traditionen pflegen und damit der Beweis dafür sind, wie erfolgreich gemeinsame Werte bewahrt und weitergegeben werden können.

Ich erinnere mich an einen meiner Deutschlehrer bei *Gabbes* Abendlehranstalten, der uns einmal sagte, dass nichts so jung sei wie ein altes Volkslied.

Gleichfalls gilt auch, dass selbst ein alternder Mensch mit jung gebliebenem Herzen den Gesang und den Tanz lieben und wertschätzen kann.

Für ihn ist *Zeit* ganz sicherlich ein Geschenk, solange er noch ein halbwegs selbstbestimmtes Leben führen kann, Wünsche und Träume hat und sich auf den morgigen Tag zu freuen vermag.

Ein Chorfest geht einher mit Spannung und unvergesslicher Freude bei allen Beteiligten und der kleinen Fan-Gemeinde und schenkt Wohlbefinden und neue Lebenskraft! Zum Abschluss folgt nun noch ein Rundbrief an alle Beteiligten:

Kleine Nachlese zum 22. Berliner Seniorenchorfest im Britzer Garten am 10. Juni 2015

„Als ich am gestrigen Dienstagabend, also knapp eine Woche nach unserm letzten Seniorenchorfest, nach der Probe in meinem Blockflötenensemble abends nach Hause kam, hörte ich die Stimme von Herrn *Bender*, dem Geschäftsführer des Chorverbandes Berlin, auf meinem Anrufbeantworter: *„Wie war denn das Chorfest?"*

Diese Frage kann ich nur beantworten aus dem Blickwinkel dessen, der das Ganze organisiert, koordiniert und durchgeführt und sich von 09.00 Uhr bis ungefähr 16.30 Uhr hinter, auf und vor der Bühne aufgehalten hat und nur einen Steinwurf vom Britzer Garten entfernt wohnt.

Mir ging es also nicht wie dem *Frauenchor Buch*, der dazu gezwungen war, sich mit erheblichem Zeitverlust dem Schienenersatzverkehr anzuvertrauen und der auf meinen Vorschlag hin spontan seinen an zweiter Stelle vorgesehenen Auftritt mit dem *Berliner Volkstanzkreis* tauschen konnte, um vorher noch einmal tief durchzuatmen.

Mit ging es nicht so wie dem Tontechniker, der mir mitten im zweiten Auftritt zuraunte, wir seien schon jetzt erheblich in Zeitverzug und wie das Ganze, bitte schön, weitergehen solle. Nun, am Ende sangen wir das für 16.15 Uhr geplante gemeinsame Abschlusslied mit lediglich zwei Minuten Verzögerung - eine Tatsache, die mir zeigte, dass wir eine solche Mammutveranstaltung mit heiterer Gelassenheit angehen müssen. (Wenn ich also, vom Panikfieber angesteckt, mitten in seinem Auftritt den Berliner Volkstanzkreis mit meiner Frage nach einer Programmraffung etwas irritiert habe, so bitte ich nochmals um Entschuldigung!)

Da sind wir schon bei dem von mir ausgewählten Abschlusslied:

Heut noch sind wir hier zu Haus, morgen geht's zum Tor hinaus und wir müssen wandern, keiner weiß vom andern.

Wieso wandern? Welches Tor? Per Handy und SMS sind wir doch ständig auf dem Laufenden! Wie gestrig!

Nein, *mich* hat dieses Lied bei meiner Schulentlassung 1957 tief angerührt und ich denke oft gern in Bildern, die mich ansprechen!

Wissen Sie, Traditionspflege wird immer das Gestern einbeziehen. Es gehört nun eben zur Tradition einzelner Chöre, brennende Fragen von gestern musikalisch anzusprechen, Fragen, die heute immer noch aktuell sind und es leider auch morgen noch sein werden. Einzelnen Kritikern unseres Chorfestes möchte ich zu bedenken geben, dass unsere Welt und unsere Seelen leider nicht ganz so heil sind, wie wir es uns gerne wünschen.

Es stimmt: die seitwärts aufgestellten Bänke haben keine Lehnen. Glücklicherweise gibt es aber vor der Festbühne unter dem Dach etwa 400 recht bequeme Stühle!

Das Wetter am 10. Juni 2015 war warm genug und vor allem trocken.

Die vom Chorverband Berlin gedruckten 500 Programmzettel waren am Ende alle vergriffen!

Bis zum Schluss der Veranstaltung war diese gleichmäßig gut besucht. Es gab viel und mitunter begeisterten Applaus.

Die Zusammenarbeit mit Frau *Carola Köhler* von *artecom* war auch diesmal vertrauensvoll und kooperativ. Des Öfteren hat sie mit ihrem Elektroauto Fahrdienste für uns geleistet und die Chöre und Tanzgruppen umsichtig in Empfang genommen und eingewiesen.

Was mich bewegt hat? Es waren das Engagement der auftretenden Gruppen, deren spürbare Liebe zur Sache und, in Einzelfällen, die physischen Strapazen, die einige Senioren auf sich genommen haben. Es ist ferner die Tatsache, dass die Festbühne eine ausgezeichnete Plattform mit wunderschönem Ambiente und passendem Format für *unsere* Veranstaltung ist. Dieses Wort *unsere* sei nochmals betont; denn ohne unseren wissenden Gemeinschaftssinn wäre ein Chorfest dieser Art überhaupt nicht zu stemmen!

Meine Frau und ich wissen dies alles mit Dankbarkeit zu schätzen!

Jürgen Hembd"

Freude beim Wandern

Mitte 2006 las ich den Klageruf einer Seniorin an die Redaktion des *Gemeindebriefes Mariendorf*. Die Weiterführung der bestehenden Kultur- und Wandergruppe für Senioren stehe auf der Kippe, sofern sich kein Nachfolger für die bisherigen Organisatoren finde. Ich rief sie an und versprach ihr, mich nach meiner im Herbst bevorstehenden Pensionierung versuchsweise zur Verfügung zu stellen. Es könne allerdings noch wenige Monate dauern.

*

Ich erinnere mich noch genau an das Frühjahr 1974. Meine Frau war schwanger und bis kurz vor der Geburt unserer Tochter unternahmen wir in unserem damaligen Wohnort Lichtenrade täglich ausgedehnte Spaziergänge, alles in der Hoffnung, dass dadurch die Wehen endlich einsetzen würden. Leider geschah nichts und deshalb kam *Silke* buchstäblich im letzten Moment per Kaiserschnitt zur Welt. Bei unseren Wanderungen träumten wir davon, dass eines Tages die Mauer fallen möge — aber diesen Gefallen würde uns sicherlich niemand tun. Sollte sie jedoch fallen (was ja, wie gesagt, nicht geschehen würde), so würde ich einmal rund um Berlin wandern — möglichst sogar außerhalb des Berliner Ringes. Außerdem würden wir endlich eine ausgedehnte Deutschlandreise in die uns unbekannten Regionen unternehmen.

Einstweilen standen wir jedoch weiterhin mit dem Fernglas auf unserm Balkon im 15. Stockwerk und blickten prüfend und sehnsüchtig in Richtung Schönefeld und hinüber zu den Müggelbergen. Fern, fernes Land…

Nach der Wende habe ich mich aufgemacht zu meiner Sehnsuchtstour rund um die Stadt und zweimal sind wir durch Deutschland gefahren: ins Erzgebirge, in den Thüringer Wald, in das Elbsandsteingebirge, in den Ostharz und nach Rügen.

*

Mit Jugendgruppen und Schülern war ich es gewohnt, regelmäßig unterwegs zu sein, so dass ich mich für das *Vorhaben Seniorengruppe* einigermaßen gerüstet fühlte. Hinzu kamen meine neu erworbenen Erfahrungen aus meinen Wanderungen durchs Umland.

Mir war jedoch klar, dass ich bei geführten Wanderungen zwar den Hut aufhaben würde, aber meine Worte, Mimik und Gestik würde ich vermutlich stark unter Kontrolle halten müssen. Da ich jedoch anderen Menschen meist mit Respekt begegne und ihnen zunächst einmal Vertrauen schenke, hatte ich keine Bedenken, unseren Gruppenmitgliedern mit Empathie zu begegnen und den richtigen Ton zu treffen.

Von Anfang an hatte ich es mir zum Ziel gesetzt, jede Veranstaltung zuvor gründlich zu recherchieren und unterwegs an bestimmten Stationen und Haltepunkten Wissenswertes mitzuteilen.

Es hat sich im Laufe der Zeit so ergeben, dass mehrere Gruppenmitglieder ihre individuellen Fähigkeiten einbringen, so dass die Verantwortung für einzelne Vorhaben bzw. Veranstaltungen inzwischen auf mehreren Schultern ruht.
Wir alle verstehen uns gut, wollen Neues entdecken und erleben, mit einander plaudern und lachen.

Wir haben im Laufe der Jahre nützliche Erfahrungen gemacht und Kompromisse gefunden, was z.B. die Länge der Wegstrecken und das Wandertempo anlangt. Seit 2006 ist keine einzige Veranstaltung ausgefallen, sondern bisher sind wir bei Wind und Wetter tapfer unterwegs gewesen.
Wir waren an den Ufern der Havel und der Spree, der Panke, Wuhle und Erpe unterwegs.
Wir kennen inzwischen den Gosener und den Notte-Kanal, den Oder-Havel- und den Teltowkanal. Weshalb habe ich bei dieser Aufzählung nur den Hohenzollernkanal vergessen?
Natürlich hat es uns auch die Seenlandschaft in und um Berlin angetan.
Wir kennen mittlerweile die Umgebung einiger S-Bahn-Endstationen: Erkner, Hennigsdorf, Königs Wusterhausen, Oranienburg, Potsdam, Strausberg.
Bis nach Stettin, nach Frankfurt/Oder und ins Schlaubetal haben uns unsere Wege geführt.
Oft finden wir uns auf Europawanderwegen (E 10 und 11) wieder oder laufen den Mauerweg entlang.
In besonderer Erinnerung bleiben mir unsere Picknickwanderungen oder die Waldwanderung mit Lamas und Alpakas. Manchmal haben uns auch

sommerliche Hitze oder winterliches Glatteis ganz schön zugesetzt!

Wenn man am Potsdamer Platz mit dem schnellen Fahrstuhl auf die Aussichtsplattform des Kohlhoff-Hauses fährt, dann erscheint Berlin — eingebettet zwischen Barnim und Teltow — gar nicht einmal so groß. Unten wieder angekommen, stellen wir fest, dass im Grunde genommen nicht einmal ein ganzes Leben reicht um unsere Heimatstadt so richtig zu erkunden.

Ob wir nun wandern oder kulturell unterwegs sind — nichts ist zum „Abhaken" gedacht. Sozusagen per Zufallsgenerator nehmen wir doch immer nur kleine Ausschnitte wahr! Trotzdem könnten wir inzwischen auf dem Stadtplan zusammenhängende erwanderte Linien ziehen, die die Randgebiete unserer Stadt miteinander verbinden.

Bei unseren kulturellen Veranstaltungen haben wir uns oft bezahlten Führungen anvertraut; denn keiner von uns kann sich ständig so intensiv vorbereiten, dass er im Schnelldurchlauf zum kompetenten Experten wird.
In Erinnerung bleiben mir bestens die Besuche bei ausländischen Botschaften, die es uns ermöglichten, einen „Blick über den Zaun" zu werfen.
Da wir alle inzwischen Senioren sind, haben wir — zwar nie im Streit, sondern eher altersbedingt — auch einander loslassen müssen.

Da tut es gut, dass wir zweigleisig arbeiten: wer selbst bei kürzeren Wegstrecken nicht mehr mithalten kann, dem verbleibt immerhin noch eine Auswahl an Veranstaltungen der Kulturgruppe und sei es am Ende auch nur noch die gemeinsame Adventsfeier im Dezember.

Nach einer jeden Unternehmung sitzen wir für gewöhnlich bei Speis' und Trank in einem Restaurant zusammen; denn es bleibt ja nicht aus, dass man sich im Laufe der Jahre recht genau kennengelernt hat und nach getaner Arbeit die wohlverdiente Entspannung gemeinsam genießen möchte. Wir wandern eben nicht nur neben- oder hintereinander, sondern, vor allem, *miteinander*!

Freude tanken wir oft und in besonderer Weise erst im gemeinschaftlichen Tun.
Gewiss, bei den Vorbereitungen unserer Wanderungen habe ich meistens zuvor im Alleingang recherchiert und dabei stets eine geradezu kindliche Freude empfunden. Für gewöhnlich habe ich nämlich Wegstrecken ausgesucht, die vielen unbekannt sein würden und in mir kam jedes Mal die Vorfreude hoch, die Anderen mit unseren Zielen zu überraschen, über einzigartige Gegenden innerhalb und außerhalb Berlins staunen zu lassen und zu neuen Horizonten zu führen. Dies jedoch war wenig im Vergleich zum anschließenden *gemeinsamen* Wandern und zur jeweils heiß ersehnten Endstation Gasthaus, zu unseren Gesprächen unterwegs – mal ernst, meist aber heiter.

Manchmal findet man sich zunehmend sympathisch und schließt Freundschaft.

Ob wir nun gemeinsam wandern oder musizieren – wir tun es stets auf Zeit. In der Rückschau wird uns gelegentlich wehmütig klar, dass wir uns am Ende leider auf immer von einander verabschieden mussten und dass das gemeinschaftliche Erleben naturgemäß begrenzt war.

Was ist wohl aus manchen Ehemaligen geworden, die wir aus den Augen verloren haben?

Was und wie viel wusste ich eigentlich früher von meinen Berufskollegen, die mittlerweile aus meinem Blickfeld geraten sind?

Was und wie viel ist mir außer einigen Erinnerungen von meinen Verwandten, Freunden und Bekannten erhalten geblieben?

Es könnte rasch einsam um uns werden, sofern wir uns der Welt nicht mehr stets bereitwillig öffnen, indem wir uns neue Ziele setzen und Kontakte knüpfen.

Dies alles sagt sich jedoch so leicht und unbekümmert, setzt es doch unsern freien Willen und unsere physischen Möglichkeiten als verfügbar und geradezu unerschöpflich voraus!

*

Von der Redaktion der Zeitschrift *spuk* (*Sport unterm Kreuz* oder auch *Sport und Kirche*) wurde ich im Jahre 2010 gefragt, ob ich einen Beitrag über die Wandergruppe der Kirchengemeinde Mariendorf verfassen würde.

Im Folgenden habe ich einige Auszüge aus meinem damaligen Artikel übernommen:

Zwischenbericht aus unserer Kultur- und Wandergruppe

„(...)

Unsere erste Wanderung am 07.09.2006 sollte uns vom S-Bahnhof Griebnitzsee zum Potsdamer Hauptbahnhof führen, wo wir aber nie ankamen, weil dort gerade eine Fliegerbombe entschärft wurde, was uns zu einer Routenänderung in Richtung Glienicker Brücke zwang.(...)

Die erste Unternehmung unserer Kulturgruppe am 21.09.2006 war ein Stadtspaziergang auf den Spuren klassizistischer Bauelemente von der Französischen Straße zum Deutschen Museum. (...)

Für unsere Wanderungen suche ich gern Routen in Kombination mit Wald und Wasser aus. Eines Tages werden wir, so hoffe ich, durchgängig vom äußersten Nordosten bis zum äußersten Südwesten Berlins gewandert sein. (...)

Es sind keine reißerischen oder spektakulären Reiseziele, die wir ansteuern; bisher lagen sie alle innerhalb des ABC-Tarifgebietes. Gelegentlich fallen Eintrittsgelder an oder Führungsgebühren müssen umgelegt werden. Am teuersten wird in der Regel am Ende die individuelle Rechnung für Speis´ und Trank im Gasthof.

In unserer Kulturgruppe sind wir durchschnittlich zehn Personen, die Wandergruppe ist doppelt so stark, wobei mehrere Teilnehmer aus Nachbargemeinden oder Nachbarbezirken dabei sind und längere Anfahrtswege zum Treffpunkt (jeweils 9 Uhr am U-Bahnhof Alt-Mariendorf) in Kauf nehmen.

Die Zusammensetzung unserer beiden Gruppen hat sich im Verlaufe des letzten Jahres ein wenig verändert: einigen waren die Wanderstrecken zu kurz, anderen zu lang; einigen ging es unterwegs zu schnell, anderen zu langsam. Ich erinnere mich an eine Stimme, die den frühen Tagesbeginn — jeweils 9 Uhr — beanstandete.

Von unseren Teilnehmern wollte ich wissen, welche Ausflüge ihnen spontan einfielen.

Unter den Nennungen waren:

- die Wanderung von Tegel nach Lübars
- am Buschgraben entlang
- die Rummelsburger Bucht
- von der Lohmühleninsel zum Halleschen Tor
- auf dem Schmöckwitzer Werder

- die Sonderausstellung zu Johannes Heesters
- der Besuch in der Johannischen Kirche
- die Anne-Frank-Gedenkstätte
- das Ephraim Palais
- das deutsch-russische Museum in Karlshorst

Nach dem „Sinn" unserer Gruppen gefragt, wurde geantwortet, dass

- es darum ginge, immer wieder etwas zu entdecken, obwohl man meine alles zu kennen;
- es bedeutsam sei, zu wandern unter fachkundiger

Anleitung mit ortsbezogener geschichtlicher Information;
- es sinnvoll sei, sein Wissen zu vertiefen und neue Einsichten zu gewinnen;
- es möglich sei, den „inneren Schweinehund" zu überwinden, wenn feste Termine anstünden und gewünschte Unternehmungen nicht immer verschoben werden könnten.

Ich wollte wissen, ob es Momente bzw. Situationen gegeben habe, in denen sich die Teilnehmer besonders wohl (oder eher unwohl) gefühlt hätten.

Genannt wurde mehrmals der „Schluss", wenn wir „angenehm erschöpft" ein Restaurant aufgesucht hätten; wenn wir bei einer Tasse Kaffee oder einem kleinen Imbiss zusammensaßen um gemütlich über vielerlei Dinge zu plaudern.
Oft sind es für mich – als Leiter – scheinbare Nebensächlichkeiten, die mir wohl tun:
als Senior auf einem Kinderspielplatz zu schaukeln; mit aufgekrempelten Hosenbeinen im Krossinsee umherzustaksen; auf Plastikstühlen im Garten des Buddhistischen Hauses in trauter Runde dem herannahenden Gewitter „zu trotzen"; gemeinsam über die herrlichsten Nebensächlichkeiten zu lachen und sich ins Gespräch zu vertiefen; nebeneinander zu schlendern und aufmerksam zuzuhören; für einander Zeit zu haben und sich gegenseitig ein Stück des Weges zu begleiten; sich die Freiheit zu nehmen für einige Augenblicke „abzuschalten" und die Welt um sich her versinken zu lassen; zu beobachten, wie die Gruppen zusammenwachsen

und durch das gemeinsame Erleben „ein Geheimnis" teilen.

Wir waren bisher gnädig behütet, ist doch kein Unfall geschehen, hat es doch niemals trennenden Streit gegeben.

Dreieinhalb Jahre sind nicht viel, aber sie stärken den Mut zum Weitermachen!(…)"

Es bliebe noch hinzuzufügen, dass wir inzwischen im zehnten Jahr angelangt sind und sehen werden, was die Zukunft bringt.

Nochmals Schicksalsort *Alexanderplatz*

Bei der Caritas

Computerkurs

Im Jahre 1957 begann ich meine Ausbildung zum Bankkaufmann. Dies geschah im dualen System, d.h., die Grundausbildung vor Ort fand an sechs Tagen pro Woche in der Depositenkasse P 15 am Kaiser-Wilhelm-Platz statt und zweimal pro Woche musste ich vormittags zur *Schule für Bank- und Versicherungskaufleute* nach Lichterfelde fahren.
Dort lernte ich u.a. auch Stenografie und Schreibmaschine.

Meine private *Royal*-Reiseschreibmaschine hat mir jahrzehntelang wichtige Dienste geleistet; denn auf ihr tippte ich meine beiden Staatsexamensarbeiten.

Irgendwann kaufte ich mir eine größere mechanische Schreibmaschine und auf ihr schrieb ich alle meine Unterrichtsentwürfe und Klausurtexte, auch jene für die Abiturarbeiten. Bis zum Jahre 2006, dem Jahr meiner Pensionierung, gab es nämlich noch kein Zentralabitur in Berlin, so dass jeder Kursleiter in der Oberstufe seine eigenen Abiturvorschläge zur Genehmigung beim Senator für Schulwesen einzureichen hatte. Fröhlich lachend teilte mir damals meine Fachberaterin für Englisch am Telefon mit, dass ich im ganzen Bezirk Steglitz-Zehlendorf der einzige Kollege sei, der seine Abi-Arbeiten *nicht* auf dem PC, sondern auf der Schreibmaschine schriebe.

War dies ein Kompliment oder ein versteckter leiser Vorwurf angesichts meiner sich offenbarenden technischen Rückständigkeit?

Ich besaß zwar zu Hause einen ausrangierten PC, nur wusste ich ihn nicht zu bedienen!

Das sollte sich ändern - aber es würde nicht ohne meine aktive Teilnahme an einem geeigneten und vor allem bezahlbaren Computerkurs gehen!

Eines sonnigen Tages in der zweiten Jahreshälfte 2006 schlenderten wir im Rahmen einer ökumenischen Woche über den *Alex*, wo ich fasziniert vor einem Stand der *Caritas* stehen blieb. Dort wurden doch tatsächlich erschwingliche PC-Kurse für Senioren in Kleingruppen angeboten und ich trug mich spontan in eine Warteliste ein. Nach kurzer Zeit erhielt ich eine freundliche Einladung zur Teilnahme an einem Computerkurs - immer eine Doppelstunde, dienstags ab 09.00 Uhr, zunächst in der *Mierendorffstraße,* Charlottenburg.

Ich kann nicht behaupten, dass mir die Einführung in die digitale Welt leicht gefallen wäre, aber mit viel Geduld lernte ich es schließlich, stationär am Gerät zu arbeiten und auch zunehmend mutig im Internet zu surfen.

Heute, nach bald zehn Jahren, dürfte ich so ungefähr im mehr als achtzigsten Vertiefungskurs sitzen, aber manchmal komme ich mir immer noch wie ein Anfänger vor!

Der Dienstagsvormittag ist ein fester Bestandteil meines Lebens geworden; denn unter uns Kursteilnehmern und den übrigen Anwesenden haben sich einerseits unschätzbare menschliche Beziehungsgeflechte ergeben, die ich schon am Anfang nicht mehr missen wollte, und andererseits habe und nehme ich mir dienstags in der Frühe in aller Ruhe die Zeit, E-Mails zu schreiben und vor allem für meine Seniorenarbeit zu recherchieren.

Damit ich das Schreiben nicht verlerne, zwinge ich mich neben der Tipperei dazu, handschriftliche Briefe zu verfassen - insbesondere zu Geburtstagen und Hohen Festen. Dies fällt mir inzwischen relativ schwer; denn handgeschriebene Briefe sind vergleichbar mit Federzeichnungen: jeder Federstrich muss sitzen und ist nicht mehr zu löschen.

Benutze ich jedoch am PC mein Schreibprogramm, so kann ich spontan grammatisch und stilistisch korrigieren, beliebig einfügen, ergänzen, ändern, speichern und löschen. Im Prinzip wird es möglich, am Ende eine ziemlich einwandfreie Arbeit abzuliefern, sofern ich aufmerksam genug Korrektur gelesen habe. Dieses Glücksgefühl erfüllt mich mit Freude!

Englischkurs

Anfang 2009 muss es gewesen sein, als ich im Caritas-Büro nach meinem früheren Beruf gefragt wurde. Wahrheitsgemäß antwortete ich, dass ich *Bankkaufmann* gewesen sei. Dies stimmte zwar, aber es war eben nur die halbe Wahrheit! Nach einigem Nachhaken musste ich zugeben, dass ich danach 36 Jahre lang Gymnasiallehrer gewesen sei, u.a. auch für Englisch. Da bekam ich meinen heute immer noch bestehenden Englischkurs angetragen und nahm im Frühling meine ehrenamtliche Arbeit als Dozent im Caritas-Mehrgenerationenhaus in Alt-Lietzow auf. Die allererste Stunde ist mir gut im Gedächtnis haften geblieben. Etwa sechs Personen mit gar keinen oder nur wenigen Vorkenntnissen saßen in unserer Runde und ich ließ die Teilnehmer zehn deutsche Begriffe nennen, die ihnen anhand der Abbildung eines Kreuzfahrtschiffes einfielen. Diese Begriffe übersetzte ich ins Englische und wir begannen einfachste Sätze zu bilden: Subjekt, Prädikat, alles in der Gegenwartsform.

Schritt für Schritt machten wir uns in den folgenden Stunden an die notwendigen grammatischen Begriffe, formten Sätze beliebig um und erarbeiteten die zunächst von mir selbst entworfenen englischen Texte, die aus dem Leben eines jungen englischen Ehepaares berichteten.

Wir studierten Gebrauchs- ebenso wie literarische Texte mit progressivem Schwierigkeitsgrad.

Manchmal muss ich leise über mich lächeln; denn wir bestreiten unsere Sitzungen lediglich mit unsern Texten, einer Stelltafel und einem Stück Kreide. Auf Wunsch einer Teilnehmerin lesen wir seit geraumer Zeit englische Kriminalgeschichten, in denen uns modernes Umgangsenglisch begegnet. Vorlesen und Lesen, Übersetzen und Erklären, Satzbildungs- und leichte Sprechübungen - viel mehr enthält mein methodisches Arsenal nicht, mit dessen Dürftigkeit ich heutzutage vermutlich keine einzige Lehrprobe mehr *über*stehen und, vor allem, überhaupt keine Staatsexamensprüfung mehr *be*stehen würde!

Trotzdem würde ich für mich in Anspruch nehmen, mit meinen Hörern von Stunde zu Stunde einen spürbaren Lernzuwachs und insgesamt einen erfreulichen Lernfortschritt erreicht zu haben.

Ich erinnere mich, dass es in der Schule stets um den Erwerb von *Kompetenzen* ging, seien sie nun z.B. fachlicher oder sozialer Natur gewesen.

Wir kommen in unserm Kurs freiwillig zusammen und freuen uns über den ohne Notendruck erreichten gemeinsamen Erfolg, den wir zuallererst der sprachlichen Kompetenz zuordnen könnten!

Natürlich geht es auch uns noch (wie früher) um den ständigen Erwerb von Fähigkeiten und Fertigkeiten im Umgang mit der gewählten Fremdsprache. Die dritte Lernzielkategorie allerdings, die des allgemeinen Abwägens und Urteilens, fällt uns Senioren aufgrund unserer Lebenserfahrung vermutlich etwas leichter als jugendlichen Schülern.

Für mich als Kursleiter bei der Caritas ergeben sich kaum Probleme des Unterrichtens an sich; denn ich bin schließlich in meinem Referendariat didaktisch und methodisch auf das Unterrichten gründlich vorbereitet worden und in 36 Jahren Berufstätigkeit habe ich mir jede Menge Fehler eingebrockt, die für mich letztlich heilsame Erfahrungen waren. Wir arbeiten hier, abgesehen vom jeweils individuellen Ehrgeiz, einzig und allein auf der Basis von gegenseitigem Wohlwollen ohne jeglichen Leistungsdruck und gehen sehr geduldig und nachsichtig miteinander um.

Allerdings halte ich mich im Umgang mit älteren Menschen ohnehin zu einem behutsamen und respektvollen Verhalten an; denn wenn wir das Prinzip der gleichen Augenhöhe verletzen, verlieren wir einander schnell. Da Menschen, die sich uns freiwillig anschließen, bekanntlich mit den Füßen abstimmen, merken wir rasch, ob wir auf dem richtigen Wege sind — oder eben nicht.

Dies soll nicht heißen, dass ich mein Verhalten gegenüber Schülern früher nicht unter Kontrolle gehabt hätte, aber Kinder und Jugendliche sehen einem manches nach und sind oft noch recht unbefangen und robust. Abendschüler, Studenten oder Examenskandidaten wiederum verlangen nach meinen Erfahrungen ein besonders hohes Maß an Empathie und wohlwollender Ermutigung auf dem Wege ihrer Existenz- und Selbstfindung.

Ob man nun in einem Computer- oder in einem Sprachkurs sitzt – ständig unterziehen wir uns durch Üben und Erinnern, Kombinieren und Lösungssuche einem Gehirnjogging und erhöhen dadurch die Chance, länger frisch im Kopf zu bleiben!

Nach Jahren sind wir als Kursteilnehmer einander vertraut und ein eingeschworenes Team geworden. Im Schulalltag wurde und wird Teamfähigkeit als besonderes Merkmal sozialer Kompetenz erlernt.
Als Senioren kommt uns der Umstand zugute, dass gegenseitiges neidvolles Konkurrenzverhalten keine wesentliche Rolle mehr spielt. Wir haben nämlich unsern Platz längst gefunden.
In unserm Dienstagskurs sind wir jedes Mal allesamt vergnügt, freuen uns über kleine Erfolge und lachen viel.
Und wenn es wieder einmal ein „Weltproblem" zu lösen gilt, vergessen wir zeitweise sogar die englische Sprache und diskutieren mit Feuereifer, wobei wir in grenzenloser Freiheit auf Deutsch argumentieren.

Weiterbildung in Seminarveranstaltungen

In den 70er Jahren war ich im Team mit der Patentante unserer Tochter ehrenamtlicher Strafvollzugshelfer in der Strafanstalt Tegel und im Nachhinein bin ich zutiefst erschrocken darüber, dass wir damals so völlig unbedarft und ohne vorbereitende Zusatzausbildung in die uns völlig fremde Lebenswelt eingetaucht sind.

Für ehrenamtliche Mitarbeiterinnen und Mitarbeiter bietet der Caritasverband für das Erzbistum Berlin e.V., vertreten durch das *Fachreferat Ehrenamt*, seit Jahren kostenlose Seminare zur Fortbildung an.
Seit längerem nehme ich an den von *Angela Lombard* geleiteten Seminaren teil. Sie ist hauptberuflich Heilpraktikerin Psychotherapie und Supervisorin.
Im Jahre 2015 ging es um folgende Themen: *Krise als Chance, „Stress lass nach", Achtsamkeit im Alltag* sowie *Innerer und äußerer Friede.*
Fast alle Themen wiederholen sich zwar zyklisch von Jahr zu Jahr, doch durch die wechselnden Runden der Teilnehmer, die nach den einführenden Referaten der Kursleiterin dann im offenen Gespräch freimütig ihre Gedanken einbringen, ergeben sich stets unterschiedliche Annäherungen an die Themen und ein erneuter Zugewinn an Wissen und Einsichten.

In ihrer ehrenamtlichen Tätigkeit sind die Kursteilnehmer auf ganz unterschiedlichen Gebieten tätig wie z.B. im Hospiz, in der Fürsorge,

41

als Patientenfürsprecher, Reisebegleiter oder, wie in meinem Falle, als Dozent.

Wir versuchen uns mit unseren spezifischen Fähigkeiten und Neigungen auf individuelle Weise vor Ort ehrenamtlich nützlich zu machen und damit unser Gemeinwesen ein wenig wohnlicher einzurichten.

Es geht in diesen Fortbildungs-Seminaren für mich nicht darum, Erkenntnisse zu gewinnen, die sich irgendwann und irgendwo möglichst nachweisbar im Verhältnis 1:1 praktisch umsetzen ließen, sondern ich erweitere vielmehr meinen Grundstock persönlicher Denk- und Verhaltensweisen, Muster, die mir bei der Bewältigung anstehender Herausforderungen helfen könnten.

Ich höre in unseren Gesprächen gern dem Erfahrungswissen der Anderen zu!

Der gegenseitige Gedankenaustausch ermuntert mich, meine eigene Lebenssituation kritisch zu reflektieren und ich bilde mir ein, dass ich durch die gewonnenen Erkenntnisse die Bedingungsfaktoren von Alltagssituationen und eigener Befindlichkeiten besser überschaue.

Es ist außerdem angenehm, persönlich gestärkt und behutsam begleitet zu werden!

Seelsorgekurs

Vor mir liegt ein Zertifikat, das mir die Teilnahme an einem dreistufigen Seelsorgekurs des Kirchenkreises Tempelhof bestätigt, einem Kurs, der in den Jahren 2006 bis 2008 stattfand. Dazu gehörte ein halbjähriges Praktikum in einem seelsorgerlichen Tätigkeitsfeld eigener Wahl. Ich habe damals die WG meiner Mutter in der Andreézeile begleitet und meine dortigen Beobachtungen in einer ausführlichen und literaturgestützten Abhandlung über *Demenz* aufgezeichnet.

In unseren Kursen ging es thematisch u.a. um die *Seelsorge als Beziehungsgeschehen,* um die *Rollenfindung in der ehrenamtlichen Seelsorge,* um die *Gesprächsführung* an sich, um *schriftliche Reflexionsformen* und um das *Training in kollegialer Beratung.* Dies alles mag sich sehr theoretisch anhören, aber mir ist klar, dass Unterricht und Fortbildung grundsätzlich *nur thematisch* und nicht etwa völlig beliebig erfolgen können.

Ziel und Aufgabe dieses Seelsorgekurses war *die Qualifizierung von Ehrenamtlichen für eine seelsorgerliche Tätigkeit in der Gemeinde, im Krankenhaus und in der Trauerbegleitung.*

Die meisten Teilnehmer entschieden sich im Anschluss für eines dieser drei Tätigkeitsfelder. Ich selbst betrachtete mich eher als eine Art Grenzgänger und blieb beim Wandern, und zwar unter dem bergenden Dach der evangelischen Kirchengemeinde Mariendorf.

Diese Weiterbildung verhinderte meinen inneren Stillstand, ließ ich mich doch begeistern durch vielerlei Impulse und ungewohnte Sichtweisen. Ich lernte es mühsam, mich selbst besser kennenzulernen. Endlich begriff ich, was es zum Beispiel mit dem Begriff der *Empathie* auf sich habe und vermochte nun den Wert des *Spiegelns* und des konzentrierten *Zuhörens* zu schätzen.

Diese Ausbildung war dazu angetan, die Teilnehmer innerlich wachsen zu lassen und ich war nachträglich wieder einmal darüber traurig, dass mir in meiner Berufstätigkeit zwischen Referendariat und Pensionierung so viel Fundamentales entgangen zu sein schien.

Oder war es damals einfach noch nicht „auf dem Markt"?

Ausbildung zum Großen Lektor

Jeder junge Mensch — egal, welcher Generation er angehört — steht irgendwann vor der Qual der Berufswahl. Er wird sich hoffentlich beizeiten fragen nach seinen Neigungen und Fähigkeiten und dann am besten im Ausschlussverfahren seine vorläufige Wahl treffen.

Für mich war es das *Höhere Lehramt,* aber nach meiner Pensionierung wollte ich mir einen lebenslangen Traum erfüllen: es waren nicht etwa eine Reise nach Neuseeland oder das heimlich ersehnte Fliegen mit dem Gleitschirm — nein, ich wollte *einmal* auf der Kanzel stehen und eine Predigt halten und herausbekommen, wie es „da oben" so ist und was da mit einem geschieht!

So besuchte ich vom September 2006 bis zum April 2007 einen 56-stündigen Ausbildungskurs für Lektoren und Lektorinnen im Haus der Kirche in der Goethestraße, Charlottenburg.

Ich hatte mich aus eigenen Stücken selbst dort angemeldet ohne zu wissen, dass man doch zuvor zwingend von einer Gemeinde delegiert worden sein müsse! Infolgedessen erklärte sich auf meine Bitte schließlich der GKR der ev. Martin-Luther-King-Gemeinde in der Gropiusstadt bereit, mich pro forma dorthin zu entsenden — freilich auf meine eigenen Kosten.

Ich hatte von Jugend auf mit theologischen Fragen gerungen und ab 1990 für zehn Jahre in enger und vertrauensvoller Zusammenarbeit mit dem damaligen *Pfarrer Andreas Rütenik* in der *Kirchengemeinde Mariendorf-Süd* allmonatlich

Beiträge für den Gemeindebrief geschrieben. Damit glaubte ich in meinem Stand als interessierter Laie doch im Laufe der Jahre unter der Hand einiges an theologischem Rüstzeug erworben zu haben. Aber ich wollte mehr wissen und hinzulernen.

Der Lektorenkurs beinhaltete zehn ihrem Wesen nach eigentlich enorm umfangreiche Einzelthemen. Allein schon dieser Tatbestand macht deutlich, dass die Kursleiter gezwungenermaßen nur bescheiden an der Oberfläche kratzen konnten und diese Vorbereitung niemals auch nur annäherungsweise einem theologischen Vollstudium entsprechen konnte!

Eines meiner positiven Schlüsselerlebnisse waren dabei die *Erfahrungsübungen mit Körper, Stimme, Raum (Liturgische Präsenz).*

Ich hatte etwas mich derart tief Beeindruckendes in meiner pädagogischen Ausbildung leider nie erlebt und war auch hier verblüfft darüber, was mir an selbstverständlichem Rüstzeug gefehlt hatte.

Für den Sonntag *Okuli* des Jahres 2007 oblag mir die Aufgabe der Vorbereitung und Durchführung eines Übungsgottesdienstes in der Martin-Luther-King-Kirche. Da stand ich also zum ersten Male *hinter* dem Altar und *auf* der Kanzel und hob zum Schluss die Arme zur Segnung der versammelten Gemeinde.

Als Gymnasiallehrer stützte ich mich im Unterricht zumeist auf das fragend-entwickelnde Gespräch, wobei ich mich freilich nie für einen Sokrates *en miniature* gehalten hätte. Wichtig waren mir jedoch das gemeinsame Nachdenken mit den Schülern und deren Rückmeldungen — und gerade dieses *Feedback* fehlte mir hier auf der Kanzel; denn die Gemeinde hüllt sich ja bekanntlich in ein beredtes Schweigen!

Der damalige Generalsuperintendent *Martin-Michael Passauer* leitete dann am 22. April 2007 den Aussendungsgottesdienst in einer Gemeinde in Pankow und dies wiederum fand ich sehr bewegend!

Ich war und bin nun *befähigt zur selbständigen Leitung von Predigtgottesdiensten auf der Basis einer Lesepredigt im Bereich der Ev. Kirche Berlin-Brandenburg-schlesische Oberlausitz.*
Als examinierter Historiker war ich es gewohnt, dass alle meine Gedanken selbstverständlich auf meinem eigenen Acker geerntet sein müssten. Und bei der Sache mit der *Lesepredigt* lag der Hase gewaltig im Pfeffer; denn mich mit fremden Federn geistlicher Vordenker zu schmücken war ich nicht bereit — nie und nimmer!

Am Sonntag, 28. September 2008, hielt ich stellvertretend einen Predigtgottesdienst in der Friedhofskapelle von Senzig. Ich hatte meine Predigt zuvor eingereicht, das Kirchlein schließlich mit Hilfe meines Navigators gefunden und durfte dort fünf Gemeindeglieder begrüßen. Eine Lektorin hatte die Türen aufgesperrt, die Heizung hochgefahren und anschließend engagiert ihren Dienst versehen. Wir hatten ohne instrumentale Begleitung gesungen und mir war die Aufgabe zugefallen, am Michaelistag natürlich über Engel zu predigen.

Ob die kleine Gemeinde in Senzig damals von meiner Predigt überzeugt war?
Ich bin jedenfalls nie wieder dorthin eingeladen worden und niemand hatte hinterher einen Gesprächsbedarf angemeldet.

Natürlich war es auch mir nicht gelungen, Unsichtbares sichtbar zu machen und hier spürte ich zum ersten Male ganz deutlich, dass mir das entscheidende Maß an geistlicher Vollmacht und Berufung fehlt.

Der inzwischen verstorbene *Pfarrer Dr. Jürgen Boeckh*, mein erster von mir selbst erwählter geistlicher Vater aus Alt-Schöneberg, sagte einmal sinngemäß:

Wenn es Gott gibt, so kann die ganze Welt an seiner Existenz zweifeln, so viel sie will – es wird ihr nichts nützen; denn es gibt ihn ja schließlich!
Wenn es ihn jedoch nicht gibt, so kann die ganze Welt auch noch so fest an ihn glauben – es wird ihr gleichfalls wenig helfen; denn es gibt ihn ja nicht!

Sehr dialektisch, sehr logisch und — ergebnisoffen!

Wie kann *ich* jedoch einen unsichtbaren, unbewiesenen und schweigenden Gott überhaupt im Blindflug lebendig machen und bezeugen?

In der Predigt einer Pastorin habe ich unlängst gehört, dass niemand wisse, ob es Gott gebe; aber wir hätten ja schließlich sein Wort.
Ich halte diese Aussage für eben jenen Zirkelschluss, über den ich ständig stolpere.

Eine andere ihrer Kanzelthesen etwa, dass sich die christliche Gemeinde nach dem Berge Zions sehne, es diesen Hügel jedoch auf keiner Landkarte gebe, zeigt mir das ganze erkenntnistheoretische Dilemma. Ich hätte es wirklich gern ein wenig präziser und ohne die uneigentliche Sprache der Poesie!

Wie also kann *ich* in einer Predigt von Engeln reden, wenn wir uns von ihnen überhaupt kein Bild machen können oder aus guten Gründen auch gar nicht sollen? Ich hatte mir vorgenommen, vom Pult aus nur derlei Dinge zu sagen, von denen ich, erstens, selbst überzeugt war und die ich, zweitens, meinem Enkel hätte begreiflich machen können.
Aus welchen geheimnisvollen Quellen jedoch soll sich denn mein individueller Glaube speisen, wenn ich die Inhalte des christlichen Credos kaum annäherungsweise begreife?
Wie soll ich überzeugend von transzendenten Bereichen reden, wenn unsere Wissbegier vor ihnen Halt machen muss?
Wem soll ich die teleologische Sinnfrage schlüssig beantworten und erklären, weshalb unverständliche Dinge geschehen – einfach so und schier unfassbar?

Natürlich könnte ich es mir leicht machen, indem ich biblische Begebenheiten einfach nur nacherzähle oder als Bibliodrama darstellen lasse, aber ich verspüre dabei wenig Deutungshoheit in mir und bin überdies völlig verunsichert, wenn mir bei der Arbeit mit der Konkordanz Widersprüche begegnen, die ich nicht auflösen kann!

Mich quälen außerdem die zwanghaften Versuche, ständig politische und soziale Zeitbezüge zu Vorgängen und Anschauungen von einst herstellen zu müssen, Anschauungen, die für uns doch nur sehr bedingt richtungsweisend sein können, weil sich unsere Vorstellungen offensichtlich geändert haben.

Ich bin mir bewusst, dass unser ganzes Denken und Urteilen sehr wohl auf der christlichen Tradition fußt, aber wer heutzutage (wie ich) z.B. das Fach *Politische Weltkunde* unterrichtet hat, wird wohl das biblische Weltbild schnell hinter sich lassen und sich eher auf die Plattform moderner Staatsphilosophie oder z.B. des Grundgesetzes stellen und sich einer Terminologie bedienen, die in der Bibel noch gar nicht vorkommt.

Bei aller Exegese würde es mir angesichts der sich überstürzenden komplexen Herausforderungen unserer Tage kaum in den Sinn kommen, beispielsweise den Apostel Paulus um stummen Rat zu bitten.

Nur sehr bedingt würde ich aus biblischen Gleichnissen übertragbare Handlungsanweisungen für mein tägliches Tun herleiten wollen.

Es möge jedoch niemand glauben, dass sich ein Leben mit schwächer werdender (religiöser) Rückbindung passgerechter gestalten ließe!
Ein starker Glaube, der Berge versetzen zu können meint, lässt Menschen vermutlich viel getroster nach vorne schauen!

Hätte ich mich von Anfang an dazu entschlossen, mich an die Spielregeln des Lektorendienstes zu halten, könnte ich auch heute noch Großer Lektor sein — aber ich habe es abgelehnt, mich zum Sprachrohr fremder Gedanken zu machen. Was immer ich tue oder unterlasse, sage oder schreibe — ich will es selbst verantworten dürfen!
Ich will, kann und darf nicht leugnen, dass ich in der evangelischen Kirche stets fest verankert war und dadurch in meinem ganzen Denken und Handeln geprägt worden bin. Aus diesen Umständen heraus erklären sich womöglich viele der Gedankengänge im nachfolgenden Beitrag, den ich im Winter 2012 für den *Lerchenboten* geschrieben habe.

„Fürchtet Euch nicht…"!

Wissen Sie, liebe Leser, was viele Abiturienten bei ihren Abschlussprüfungen sorgenvoll auf ihren Tischen platzieren?
Kleine Stofftiere! Hasen, Hunde, Bären…die ganze Menagerie. Sie schreiben ihnen magische Kräfte zu, Kräfte, die sie doch hoffentlich nicht versagen lassen, sondern zum Erfolg führen werden. Diese

Tiere werden gestreichelt und gehätschelt. Die Besitzer sprechen mit ihnen und hoffen, dass ihnen die Antwort zuteil werde:
Fürchte Dich nicht! Nicht jetzt und schon gar nicht hier!

Wenn mein Enkel einmal bei uns zu Hause schlafen geht, dann nur nach dem obligatorischen Abendgebet und Opas Streicheleinheiten – und mit Kuscheltier. Und was sage ich ihm für gewöhnlich? *Ich lasse die Tür einen Spalt breit auf. Ich bleibe hier. Du brauchst Dich nicht zu fürchten vor der Dunkelheit. Ich bin ja da!*

Meine damals an Demenz erkrankte Mutter hatte einen kleinen Stoffhund, den sie an sich drückte, herzte und innig küsste. Als sie im Jahre 2010 starb, habe ich ihn, noch einmal frisch gewaschen, als Weggefährten in ihr Urnengrab gelegt.
Fürchte Dich nicht!

Ich könnte viele *Maskottchen* aufzählen, die für alle möglichen Großveranstaltungen entworfen wurden, zu Verkaufsschlagern geworden sind und bei uns zu Hause die Sitzecke bevölkern. Wer sie sieht, findet sie *niedlich,* streichelt sie und redet mit ihnen. Und die Stofftiere scheinen gleichsam zu sagen: *Fühl' Dich wohl hier bei uns, hab vor niemandem und nichts in der Welt Angst und fürchte Dich nicht!* Das muss man sich einmal vorstellen: da reden erwachsene Menschen reiferen Alters mit Stofftieren und hauchen ihnen sozusagen eine Seele ein!

Es ist die Kraft der Phantasie, die uns Zuversicht gibt und unser Leben unendlich reicher macht!

Illusionen und Magie, der Wirklichkeit entrückt, sind ganz wichtige Bestandteile unseres Daseins und werden von uns erlebnisintensiv empfunden, so naiv sie auch anmuten mögen. Sie geben uns Kraft und lassen uns das Fürchten vergessen.

Oft schon habe ich als Lektor der versammelten Gemeinde die Weihnachtsgeschichte des Lukas vorgelesen und mich dabei insgeheim gefragt:

Was tust Du hier eigentlich? Du, der Historiker, für den Fakten und nichts als Tatsachen zählen! Du, der Mensch klaren Verstandes, der allerdings gleichzeitig so tief von der Welt Donald Ducks und Bambis geprägt worden ist!

Die Weihnachtsgemeinde indessen ging jedes Mal nach Hause, beseelt von dem Zuspruch des Weihnachtsengels: *Fürchtet Euch nicht!*

Ich bin vertraut mit Saint-Exupéries *kleinem Prinzen* und mit Astrid Lindgrens *Pippi Langstrumpf* – ich, das gealterte Kind, das oft so völlig materialistisch denkt, jedoch selbst mit dem Materialismus nicht einmal die Hälfte des Mysteriums der Schöpfung erklären kann! Wohlgemerkt, die unbewusste Verwendung des Begriffes *Schöpfung* ist allein schon ein Glaubenssatz! Habe ich mich da wider Willen schon wieder zu weit aus dem Fenster gelehnt?

An einem unserer Schlüsselbunde hängt ein kleiner Engel aus Stoff. Ein blonder Engel übrigens, mit heller Hautfarbe und weißen Flügeln. Ein europäischer und zudem ein falscher Engel, sozusagen. Ehrlich gesagt, richtige Engel habe ich noch nie gesehen. Weder im Traum noch in Wirklichkeit!

Was die Hirten auf dem Felde damals tatsächlich erlebt haben, vermag ich nicht zu sagen und ich könnte diese himmlische Erscheinung meinem Enkel auch gar nicht plausibel erklären. Das ist allein Sache der Hirten und des Evangelisten Lukas.

Aber ich könnte mir einen Engel als Handpuppe vorstellen. Hier und jetzt. Einen Hilfsengel. Er würde mit uns allen reden und sagen:

Ihr, das LerchenHaus-Team, habt im letzten Jahr für Eure Bewohner gut gekocht, das Haus sauber gehalten und die Mahlzeiten und Medikamente sorgfältig verteilt. Ich weiß das sehr genau! Ihr seid auf allen Stockwerken ebenso wie drinnen und draußen präsent gewesen. Ihr habt das Haus ordentlich verwaltet und Euch stets liebevoll um dessen Bewohner gekümmert. Euch gebühren mein Lob und meine Anerkennung!

Ihr, die Bewohner dieses Hauses seid immer satt geworden, habt diese liebevolle Betreuung dankbar verspürt, habt Trost erfahren und neue Hoffnung geschöpft.

Ihr alle, geht Euren Weg auch im nächsten Jahr geduldig, aber bitte nie schneller als Ihr könnt! Geht ihn allein oder haltet Euch aneinander fest! Ich werde Euch in Gedanken begleiten und Ihr dürft unterwegs immer fröhlich sein!

Und nun kommt das Wichtigste: egal, vor welchen Herausforderungen und Veränderungen Ihr steht: Fürchtet Euch nicht!

Wort, Musik & Traubensaft

Im August 2014 waren meine Frau und ich von Freunden zu deren Goldener Hochzeit in den *Rosenhof* in Mariendorf eingeladen.

Es fällt mir oft schwer, andere Senioren zu beschenken, weil „wir" Altgewordenen im Grunde genommen ja alles haben, was wir so zu brauchen meinen. Nach langem Nachdenken besorgte ich mir die Ausgabe des *Tagesspiegels* vom Tage nach der Hochzeit im Jahre 1964 und zerpflückte die Zeitung um den anwesenden Gästen kurzweilig über politische, wirtschaftliche, sportliche und kulturelle Ereignisse aus jenen Tagen zu berichten. Zwischen meinen Beiträgen spielte meine Frau am Flügel und mir gefiel diese Mischung aus Wort und Musik.

Einige Wochen später wurde ich vom Seniorenhaus Lerchenweg gefragt, ob ich bereit wäre, bei unserer dortigen Weihnachtsfeier im Dezember etwas vorzulesen. Kein Problem! Allerdings schlug ich vor, dies im Team mit meiner Frau zu tun — also abermals: Wort und Musik. Ich las vor, meine Frau spielte und begleitete uns alle beim Singen der altbekannten Weihnachtslieder.

Bei meinen alltäglichen Besuchen dort fiel mir auf, dass, — alters- und situationsgebunden — viele Gedanken der Bewohner unaufhörlich in die Vergangenheit schweifen und die Zukunftsmusik eher leise klingt.

Senioren tanzen gern — aber nur zu den Klängen altbekannter Melodien und Rhythmen!

Senioren erinnern sich gern und hüten ihre Erinnerungen wie einen Schatz.

Viele mögen schnell vergessen, was vorhin oder gerade erst geschehen ist, aber sie sind weiterhin emotional ansprechbar und wissen sehr genau, wer es gut mit ihnen meint und was ihnen gefällt.

So kam mir die Idee, eine vierteljährliche Veranstaltungsreihe anzubieten unter dem Titel *Wort, Musik und Traubensaft* — immer am letzten Quartalsmontag zwischen 16 und 17 Uhr.

Schon nach unserem ersten Nachmittag entschieden die anwesenden Senioren, dass unsere Veranstaltungsreihe, bitte schön, einmal im Monat stattfinden solle. Und so halten wir es nun!

Meine Frau spielt vorzugsweise Volkstänze, ich lese aus meinen eigenen Schriften und zwischendurch erheben wir gemeinsam die Gläser mit dem Traubensaft. Ursprünglich hatte ich an Rotwein gedacht, aber es gibt gute Gründe, den Traubensaft zu bevorzugen.

Volkstänze bieten sich an, weil ihre Klänge ins Ohr gehen, weil sie, wie der moderne Schlager, nicht allzu lange dauern und nach einiger Zeit vorbei sind. Zeit ihres Lebens war meine Frau eine begeisterte Volkstänzerin und hat deshalb einen besonderen Bezug zu dieser Musikart.

Es kommen jeweils zwölf bis achtzehn Teilnehmer zu uns, wobei es schon einige Zeit dauert, bis jeder seinen Rollator geparkt oder einen geeigneten Platz für seinen sperrigen Rollstuhl gefunden hat. Natürlich muss man damit rechnen, dass sich manch ein Schwerhöriger nach hinten setzt und anschließend darüber lamentiert, dass er nicht alles verstehen könne. So ist das eben!

Oft lasse ich die Zuhörer still nachdenken, wie *sie* ihrem imaginären Enkel einen bestimmten Aspekt oder eine bestimmte Frage erklären bzw. beantworten würden. Dies sind jeweils Denkanstöße, die sie nicht in aller Länge und Breite als persönlichen Beitrag darlegen, sondern eher — wie bei einem stillen Gebet — einfach nur inwendig überdenken sollen. Es kommt dabei heraus, dass einige von ihnen diese Impulse als die Eröffnung einer nun folgenden imaginären Zwiesprache empfinden und meinen, dass ich zu ihnen käme um ihnen einerseits zuzuhören und andererseits mit ihnen zu reden! Mir behagt dieser Gedanke, ihnen ein gefühlter Ansprechpartner zu sein, der ihnen mit Empathie begegnet.

Gern würde ich mit einigen Senioren eine Schreibwerkstatt gründen und gemeinsam ein Erinnerungsbuch schreiben; denn jeder von uns hat schließlich eine Menge aus seinem Leben zu erzählen.

Wir werden sehen…

Mitarbeit bei der VfJ
(Vereinigung für Jugendhilfe)

Im Jahre 1972 kam meine Frau über *Hans Spänkuch,* dem stellvertretenden Leiter der Abteilung Jugendpflege des Bezirksamtes Neukölln, zur VfJ. Er habe sie damals gefragt, ob sie Lust hätte, im Freizeitclub mitzumachen. Sie habe ihm zugesagt, zumal es ihrer beruflichen Tätigkeit als Jugendpflegerin entsprochen habe. Es habe ihr sehr viel bedeutet, insbesondere mit Menschen mit Behinderung zusammen zu arbeiten. Sie habe verspürt, dass diese ihre Zuwendung besonders verdient und auf ihre Arbeit mit ihnen positiv reagiert hätten. Sie habe sich in der Folgezeit bemüht, ein abwechslungsreiches Programm zu gestalten.

Ich selbst habe die Mitarbeit meiner Frau in der VfJ von Anfang an begleitet und unterstützt, weil der tiefe Sinn ihres Einsatzes in der Arbeit an sich begründet lag und man nicht erst lange nach Erklärungen und Rechtfertigungen zu suchen brauchte. Von Zeit zu Zeit wurde ich zu besonderen Anlässen eingeladen und fand mich schließlich und endlich — wie schon zuvor Andreas, unser Sohn, — für etwa ein Jahr lang alle zwei Wochen als Helfer an ihrer Seite im *Freizeitklub Adlershof* wieder.
Noch heute verkaufe ich bei besonderen Anlässen an der Kasse Eintrittskarten und tue dies nicht etwa, weil ich mich für unentbehrlich oder besonders wichtig hielte. Nein, ich fühle mich mit Menschen, die, in aller Regel unverschuldet, weniger auf der Sonnenseite des Lebens stehen, solidarisch und

möchte ihnen ein Stück Zuwendung schenken. Meine besondere Bewunderung gilt dabei den Betreuern und den betreuenden Angehörigen!

Silke, unsere Tochter, berichtet, dass sie bereits als Kleinkind von ihrer *Mum* zu Freizeitveranstaltungen der VfJ mitgenommen worden sei. Dadurch habe sie nie Berührungsängste gegenüber Menschen mit Behinderung entwickelt. Vielmehr habe auf sie die Herzlichkeit der Menschen dort in der VfJ immer ansteckend gewirkt und sie sei beeindruckt gewesen von deren Offenheit und ihrer Fähigkeit Freude zu empfinden. So sei die VfJ ein Stück Kraftquelle für sie und zugleich der Ort geworden, wo man Gemeinschaft erleben könne und mit einbezogen werde.

In der dritten Generation ist es nun *Patrick*, unser Enkel, der dort gern mithilft.

Nachwort

Vor einiger Zeit wollte jemand von mir wissen, wie Vögel in einem dichten Wald zu ihren Nestern zurück fänden um dort ihre Jungen zu versorgen. Nun, ich bin zwar kein sachkundiger Ornithologe, aber vermutlich ist dieses Phänomen des Nach-Hause-Findens ohne ein natürliches Ortungssystem nicht denkbar.

Wir alle sind schon durch unsere Stadt, unser Land und in der Welt umher gereist und meistens ohne größere Orientierungsprobleme wieder zu Hause angekommen. Wir wollten wieder nach Hause und wir fanden unsern Weg!

Menschen finden als Flüchtlinge heutzutage auf abenteuerlichsten Wegen aus anderen Kontinenten ihren Weg nach Europa und dabei vorzugsweise nach Deutschland. Ob sie hier jedoch ein neues Zuhause finden werden und auf Akzeptanz stoßen, bleibt abzuwarten.

Zu Hause ankommen — danach sehnen wir uns! Umsorgt, aufgefangen und geliebt werden, das wünscht sich doch jeder — oder?

Als Heranwachsender habe ich stets von einer, von *meiner*, eigenen Familie geträumt, für die ich mit Hilfe ausreichender Einkünfte und dank robuster Gesundheit Verantwortung würde übernehmen können. Ich habe mir die Kraft gewünscht, mit Beharrlichkeit und Ausdauer auf meine Ziele hinzuarbeiten. Ich wollte das Erreichte niemals mutwillig zerstört wissen, sondern bewahren und auf die Anderen achten.

Mir war klar, dass es unmöglich sein werde, immer nur schnurstracks gerade Wege zu gehen, sondern dass ich gelegentlich würde umkehren müssen.

Ich habe lernen müssen, dass unser Leben niemals nur selbst-, sondern auch fremdbestimmt ist und sich manchmal in einem Irrgarten verheddert.

Oft zerplatzen unsere Ideale und wir müssen jenseits vorgefasster Prinzipien pragmatische Lösungen finden, wollen wir unerwartete Herausforderungen bestehen.

In meiner selbst verfassten Kurzbiografie würde es heißen, dass ich leider im Krieg geboren wurde, diesen immerhin überlebt habe und dass mir meine beiden Eltern noch lange Zeit erhalten geblieben sind. Dass ich ein waschechter Berliner westlicher Prägung bin, der heilsame Umwege gehen musste um schließlich sein Bildungs- und Berufsziel zu erreichen.

Meinem Beruf und meinen selbstgewählten ehrenamtlichen Tätigkeiten bin ich stets gern nachgegangen.

Bis auf meine Krankheiten bin ich kerngesund.

Ich bin, materiell gesehen, weder reich noch arm, eher sparsam im Umgang mit meinen Ressourcen und geübt im Verzichten.

Trotz politischer Bedrohungsgebärden von außen habe ich in dauerhaftem Frieden und Freiheit und unter dem Dach einer verlässlichen Rechtsordnung sozusagen auf der „richtigen" Seite gelebt.

Ich würde mich als positiv grundiert bezeichnen, ohne die eigentliche Quelle meiner Zufriedenheit so recht erkennen zu können.

Aber ich habe etwas Wesentliches noch gar nicht erwähnt: Was wäre ich denn ohne meine Familie?

Wie hätte ich meinen Beruf ausüben können, wenn mir meine Frau nicht den Rücken frei gehalten hätte?

Wie hätten wir mit unseren Kindern je verreisen können, hätte *sie* nicht zuvor alles Nötige besorgt und die Koffer gepackt?

Sie war oft mein Ideengeber und hat mir mit treffsicherem Spürsinn Literatur besorgt, die ich dann eifrig gelesen und verwertet habe.

Sie ist mir stets mit einem leisen Lächeln und mit unendlichem Vertrauen begegnet und hat mir nie Vorwürfe (und damit ein schlechtes Gewissen) gemacht!

Ich bewundere sie dafür, dass sie es so lange und geduldig mit mir ausgehalten hat.

Nach der Wende hatte die Bundesrepublik Deutschland die Aufnahme der Millionen von Russlanddeutschen zu bewältigen, die in die Heimat ihrer Vorväter zurückfluteten.

Wenn im Jahre 2015 angesichts der enormen Flüchtlingswellen Richtung Europa in Deutschland zumindest anfänglich enthusiastisch der Begriff der *Willkommenskultur* geprägt worden ist, so hatte meine Frau schon weit mehr als ein Jahrzehnt zuvor intuitiv viele Russlanddeutsche an die Hand genommen, sie Deutsch gelehrt und ihnen unser Land gezeigt. Auf manchen Wanderungen habe ich sie und ihre Gruppe begleitet und erfahre noch heute mit Rührung, dass ihr ihre damalige Einstiegshilfe niemals vergessen worden ist.

Die ehrenamtlichen Betätigungsfelder in unserer Gesellschaft sind schier unerschöpflich und der Wille weiter Bevölkerungskreise, sich ehrenamtlich zu betätigen, zu helfen oder sich in Interessen- und Neigungsgruppen zusammen zu schließen, ist in seiner Ausprägung beachtlich.
Vieles ist mir und uns nur im Familienverband geglückt. Sicherlich war nicht alles, was wir gesagt und getan haben, richtig. Aber es war glücklicherweise auch nicht alles falsch!
Unser Leben ist und bleibt wohl ein Labor, in dem laufend improvisiert und experimentiert werden muss. Sollte ich mit dieser Feststellung wieder einmal ein Klischee bedient haben, so sei mir verziehen; denn ich muss gestehen, dass sich in mein gesamtes Sagen und Denken pausenlos Binsenweisheiten und Banalitäten einschleichen.

Wenn wir eines Tages endgültig loslassen müssen, so haben wir uns glücklicherweise lange Zeit aneinander erfreut und viele unserer individuellen Lebensmöglichkeiten ausgeschöpft!
Oft summe ich ein leises Lied vor mich hin.
Besser gesagt: es summt in mir. Es geht mir dann gut, weil ich frohgemut bin und mich geborgen fühle.
Meine dritte Lebensphase ist mir bisher gut bekommen und ich verspüre weiterhin die Freiheit,

mir zu überlegen, welche Teststrecken ich noch erproben und wohin ich die Lampe tragen sollte. Manchmal vergesse ich mein Alter dabei und leider fehlt mir bisher immer noch ein verlässlicher Navigator! Ein Kompass wäre schön und ein Licht in der Finsternis und die Zuversicht, dass wir uns nicht zu fürchten brauchen — weder heute noch morgen!

Ebenfalls bei BoD sind von mir erschienen:

Wie ein Magnet 2007, 60 Seiten
ISBN 978 - 3 - 8370 - 1371 - 9
Dem Geheimnis der Weihnacht auf der Spur
2008, 60 Seiten
ISBN 978 - 3 - 8370 - 6586 - 5
Schule — Haus des Lernens 2009, 220 Seiten
ISBN 978 - 3 - 8391 - 0000 - 4
Mit dem Rücken zur Fahrtrichtung 2009, 60 Seiten
ISBN 978 - 3 - 8391 - 3010 - 0
Vom Baum der Erkenntnis kosten 2010, 60 S.
ISBN 978 - 3 - 8423 - 0683 - 7
Festhalten und Loslassen 2011, 60 Seiten
ISBN 978 - 3 - 8423 - 4408 - 2
Opa erzählt 2012, 60 Seiten
ISBN 978 - 3 - 8482 - 2780 - 8
Opa erzählt weiter 2013, 62 Seiten
ISBN 978 - 3 - 7322 - 37778 - 4
Opa erzählt noch einmal 2014, 64 Seiten
ISBN 978 - 3 - 7386 - 0543 - 3

Inhaltsverzeichnis